RIHITO ITAGAKI

Interlude

19TH WINTER PHOTOSHOOT

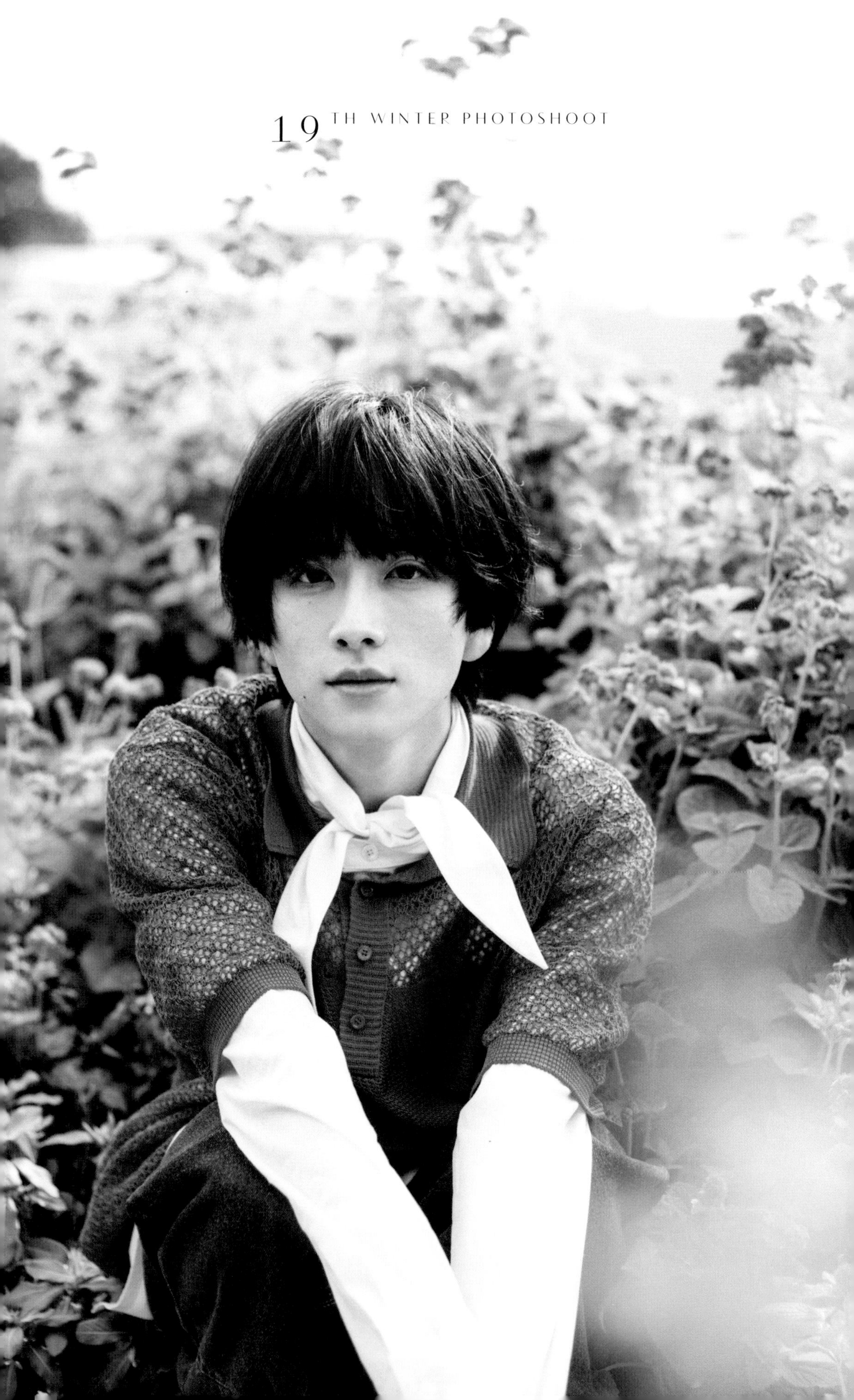

20TH BIRTHDAY COUNTDOWN

夜町にて冷えるわめさ.

2021.12.28

2021.12.29

2021.12.30

[年末恒例]
紅白 DE OTK

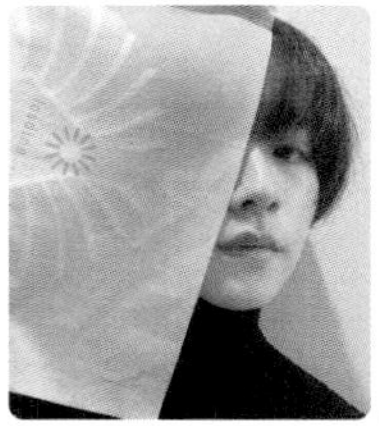

2021.12.31

年始は
家族とお出掛け

2022.01.01

2022.01.02

2022.01.03

手、どないなってん?

2022.01.04

壁の色と
服の色が
いい感じ

2022.01.05

2022.01.06

2022.01.07

朋介
前髪切ったん
だと思う.
知らんけど

2022.01.08

GUCCI
in
GINZA

2022.01.09

2022.01.10

ANREALAGE
×
CHAMPION

とりあえずピースの人

りゅびとのNYLON♥

暗…

どっちが花なんだい!!
って…

みひろとの…

2022.01.11

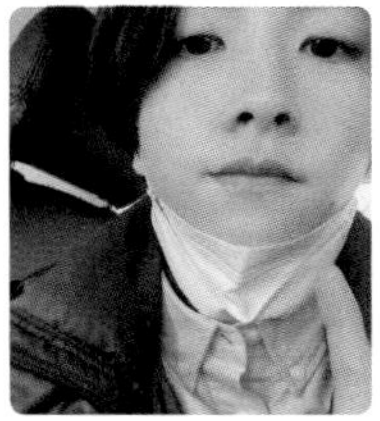

2022.01.12

2022.01.13

2022.01.14

2022.01.15

2022.01.16

2022.01.17

ザワついてた旅行

ハイ・ピース二連

なんそれ

2022.01.18

2022.01.19

2022.01.20

2022.01.21

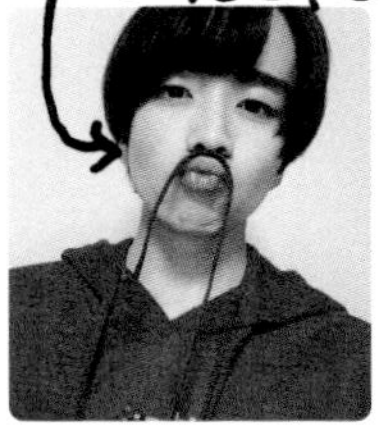

2022.01.22

おかげさまで

2022.01.28

2022.01.23

2022.01.24

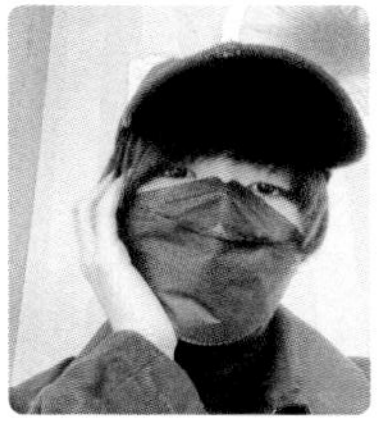

2022.01.25

2022.01.26

2022.01.27

みんな大好きsaMPLe T♥

目の下にインライン引くのハマってた時

板垣に対して黒の面積が多いんじゃ

20TH BIRTHDAY PHOTOSHOOT BY MYSELF

INTERLUDE: BEHIND THE SCENES

WORDS from ITAGAKI

①板垣が小学生くらいだろうか……。誕生日にもらったぬいぐるみというかクッションというか。今でも我が家にいるのです。おちつく。⑤家の周りにこじんまりとしたいいイキフンのお店が多くて外食が増えるものの、たまにはフライパンも握ります。貝印さんのフライパンが深さと大きさがちょうどよくて一個あると幅広く使えちゃう優秀な子。⑥そうです、親知らずを抜きました。いつだかの『謁李（FC生配信）』でかき氷ロケの話になった際、「歯が……ちょっとね……」と虫歯心外事件に発展したその後抜いていたのでした。術後の激痛たるや、親知らず知らずの人羨ましき……。⑨Basicから手を出していた『あんスタ』。スマホゲームといえばほぼ音ゲーしかやらない板垣がこのお仕事いただくって……。もしかして運命？⑩これから木材となり我々の生活の一部となる木たちにCMの撮影でお会いして。それから家にあるテーブルや家具に対しての愛が少し変わった。やはりそういう機会ってすごく大事。

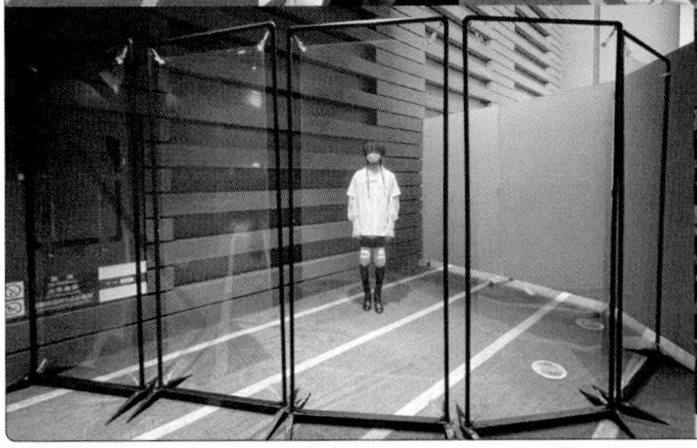

COMMENT by STAFF

②『なのに、千輝くんが甘すぎる。』現場でひたすら連写するマネージャーに大笑いする板垣。 ③みんな大好き“めぐるくん”。この時期は“民部公子”との両立と、『ZIP!』の生放送、ファンクラブ立ち上げの準備など並行していた時期でした。『カラフラブル』の撮影現場で制作スタッフさんに、「今、目が民部公子になってたよ」と言われた日もあった板垣……。大変なスケジュール、本当にお疲れ様でした。 ④『風駆け』現場にて馬のごとく駆け抜けていく風に振り回される板垣。 ⑦1stファンイベント『第一回PLM総会「すもももももももものうちか」』の様子。PLMの皆さんと初めてのイベント。大好きなイラスト、ファッション、PLMの皆さんに囲まれてご満悦な板垣。改めてこの場をお借りしてありがとうございました★ ⑧『生徒が人生をやり直せる学校』現場にて、料理シーンのちょんまげ姿。皆さんはどの髪型が好きですか？ ⑩住友林業の“きこりん”とパシャリ。数日にわたる森林での撮影。カットがかかる度、虫を払う姿を多く見ました。虫も日々生きているので苦手ながらも共存していけるよう頑張れ板垣！

20TH SUMMER PHOTOSHOOT

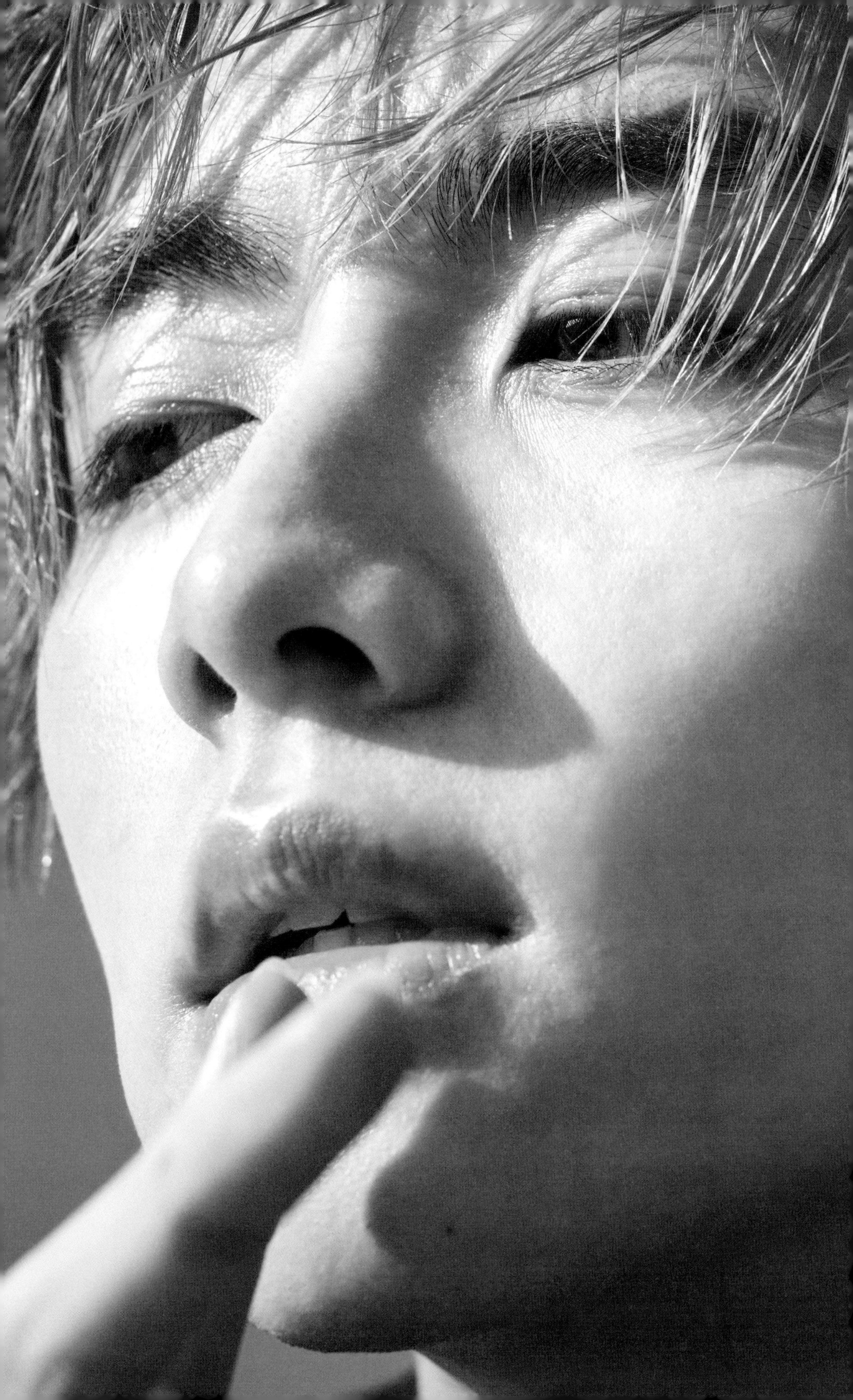

毎度ありがとうございます

かねてから申し上げている通り

私は表現者です

表現というものは独りよがりで究極の

自己満足であり、そうあることこそ至高だと

そう思っております

ただ、誰に何を届けるか

矛盾しているようでこれもまた重要なのです

その奥にはいつも皆さまの姿があります

そして

皆さまの中にも、永く私の姿がありますように

お互い心身健やかに

また

Photography :
田形千紘(19TH WINTER PHOTOSHOOT)
MELON[TRON](20TH BIRTHDAY PHOTOSHOOT BY MYSELF)
廣瀬順二[NEPO](20TH SUMMER PHOTOSHOOT)

Styling :
稲垣友斗[TRON](19TH WINTER PHOTOSHOOT)
Remi Takenouchi(20TH BIRTHDAY PHOTOSHOOT BY MYSELF)
伊藤省吾[sitor](20TH SUMMER PHOTOSHOOT)

Hair & Make-up :
KATO[TRON](19TH WINTER PHOTOSHOOT、20TH BIRTHDAY PHOTOSHOOT BY MYSELF)
佐川理佳(20TH SUMMER PHOTOSHOOT)

Design : 古田雅美[opportune design Inc.]

Printing Direction : 富岡 隆[トッパングラフィックコミュニケーションズ]

Edit : 海保有香　小南貴愛[SDP]、田所友美
Sales : 川﨑 篤　武知秀典[SDP]
PR : 藤井愛子　小関歩希[SDP]

Artist Management : 坂本菜実　平舘憂菜[STARDUST PROMOTION]
Artist Management Team Leader : 太田恭子[STARDUST PROMOTION]
Special Adviser : 鈴木謙一[STARDUST PROMOTION]
Executive Producer : 藤下良司[STARDUST PROMOTION]

Special Thanks :
KAI 貝印株式会社
高岡英里子
千葉県フィルムコミッション

PLMania

Costume Coordination :
20TH BIRTHDAY PHOTOSHOOT BY MYSELF
Chika Kisada、EYTYS、FORSOMEONE／EDSTRÖM OFFICE
Hitomi Matsuno、Ryo Tominaga／XANADU TOKYO
tanakadaisuke／PATCHWORKS, inc.
SHILON、VIVIANO、YOSHiKO CREATiON

板垣李光人
20th Anniversary Photobook
Interlude

発行：2022年12月18日　初版 第1刷発行

著者：板垣李光人
発行人：細野義朗
発行所：株式会社SDP
〒150-0022 東京都渋谷区恵比寿南1-9-6
TEL 03-5724-3975(第一編集部)　03-5724-3963(営業部)
ホームページ　http://www.stardustpictures.co.jp
印刷製本：凸版印刷株式会社

ISBN978-4-910528-19-9